BEI GRIN MACHT SICH IHR WISSEN BEZAHLT

- Wir veröffentlichen Ihre Hausarbeit, Bachelor- und Masterarbeit

- Ihr eigenes eBook und Buch - weltweit in allen wichtigen Shops

- Verdienen Sie an jedem Verkauf

Jetzt bei www.GRIN.com hochladen und kostenlos publizieren

Bibliografische Information der Deutschen Nationalbibliothek:

Die Deutsche Bibliothek verzeichnet diese Publikation in der Deutschen Nationalbibliografie; detaillierte bibliografische Daten sind im Internet über http://dnb.dnb.de/ abrufbar.

Dieses Werk sowie alle darin enthaltenen einzelnen Beiträge und Abbildungen sind urheberrechtlich geschützt. Jede Verwertung, die nicht ausdrücklich vom Urheberrechtsschutz zugelassen ist, bedarf der vorherigen Zustimmung des Verlages. Das gilt insbesondere für Vervielfältigungen, Bearbeitungen, Übersetzungen, Mikroverfilmungen, Auswertungen durch Datenbanken und für die Einspeicherung und Verarbeitung in elektronische Systeme. Alle Rechte, auch die des auszugsweisen Nachdrucks, der fotomechanischen Wiedergabe (einschließlich Mikrokopie) sowie der Auswertung durch Datenbanken oder ähnliche Einrichtungen, vorbehalten.

Impressum:

Copyright © 2017 GRIN Verlag
Druck und Bindung: Books on Demand GmbH, Norderstedt Germany
ISBN: 9783668618480

Dieses Buch bei GRIN:

https://www.grin.com/document/387252

Anja Schneider

Textanalyse der Spiegelgeschichte von Ilse Aichinger

GRIN Verlag

GRIN - Your knowledge has value

Der GRIN Verlag publiziert seit 1998 wissenschaftliche Arbeiten von Studenten, Hochschullehrern und anderen Akademikern als eBook und gedrucktes Buch. Die Verlagswebsite www.grin.com ist die ideale Plattform zur Veröffentlichung von Hausarbeiten, Abschlussarbeiten, wissenschaftlichen Aufsätzen, Dissertationen und Fachbüchern.

Besuchen Sie uns im Internet:

http://www.grin.com/

http://www.facebook.com/grincom

http://www.twitter.com/grin_com

Institut für Germanistik

Textanalyse
LV-Nr. 521.321

Ilse Aichinger: Spiegelgeschichte

SoSe 2017

Anja Schneider

Inhaltsverzeichnis

1 Einleitung ... 3
2 Textanalyse/Textinterpretation - Definition
   2.1 Textanalyse ... 4
   2.2 Textinterpretation ... 4
3 Formen der Textanalyse ... 4
4 Die Fokalisierung und ihre Herkunft ... 5
   4.1 Bedeutung der Fokalisierung ... 5
   4.2 Nullfokalisierung ... 6
   4.3 Externe Fokalisierung ... 7
   4.4 Interne Fokalisierung ... 7
5 Betrachtung des gesamten Werkes ... 7
6 Welcher Fokalisierungstyp liegt nun vor? ... 8
7 Perspektivierung nach Schmid ... 8
   7.1 Der Begriff der Perpektivierung ... 9
   7.2 Die fünf Parameter der Perspektive ... 9
   7.2.1 Perzeptive Perspektive ... 9
   7.2.2 Ideologische Perspektive ... 9
   7.2.3 Räumliche Perspektive ... 10
   7.2.4 Zeitliche Perspektive ... 10
   7.2.5 Sprachliche Perspektive ... 10
   7.3   Eine Übersicht ... 11
8 Schluss ... 11

1 Einleitung

Wie uns bekannt ist, gibt es heutzutage verschiedenste Genres aus denen der Leser wählen kann, ja schon fast zu viele. Jeden Tag wählen etliche Österreicher ein Buch aus ihrem Lieblingsgenre aus, sie beginnen es zu lesen und schon währenddessen beginnt der Prozess der Interpretation und Analyse. Sie tauchen quasi in die Geschichte ein. Wohl bemerkt meinen die meisten Leser, dass es zwischen einer Interpretation und Analyse keinen Unterschied gibt – ein Irrtum.

Aus diesem Grund möchte ich dem Leser dieser Hausarbeit die Textanalyse näherbringen und auch kurz den Unterschied zur Textinterpretation anmerken. Meine Leser sollen verstehen was diese Begriffe überhaupt bedeuten. Es geht in dieser Arbeit aber auch darum, eine bestimmte Geschichte in ihre Bestandteile zu zerlegen und zu analysieren. Diese Geschichte wird die Spiegelgeschichte von Ilse Aichinger sein. Es ist natürlich möglich einen Text auf verschiedenste Arten und Weisen zu analysieren. Da es bei einer Textanalyse nicht um die Bedeutung eines Textes geht, sondern um dessen Struktur, ist eine Inhaltsangabe der von Aichingers Werk überflüssig.

Mein Fokus liegt auf der Fokalisierung. Das ausgewählte Hauptthema lautet daher: **Fokalisierung – das Nicht-Erzählte?**

Ich möchte, dass meine Leser schon während des Lesens meiner Arbeit einzelne Merkmale der Fokalisierung aus der Spiegelgeschichte herausfiltern können. Dies soll im ersten Kapitel meiner Hausarbeit geschehen.

Nachfolgend werde ich einzelne Abschnitte bzw. Sätze der Spiegelgeschichte zitieren und die Auffälligkeiten herausfiltern und erklären.

Außerdem möchte ich noch näher auf die Perspektivierung nach Schmid eingehen.

Zum Schluss werde ich mein Ergebnis erläutern und über das Nicht-Erzählte schreiben. Dies soll gleichzeitig den Übergang zu meiner Textinterpretation bilden.

2 Textanalyse/Textinterpretation - Definition

2.1 Textanalyse:

Das Wort Analyse stammt aus dem Griechischen und bedeutet „Auflösung". Führt man also eine Textanalyse durch, so wird eine komplette Geschichte in seine Bestandteile zerlegt. Es geht darum die Struktur eines Textes zu untersuchen. Dennoch ist vorab zu sagen, dass es trotzdem wichtig auch das gesamte Werk zu lesen und zu betrachten. Ziel einer Textanalyse ist es somit, herauszufinden, was einen bestimmten Text überhaupt zu einem Text macht. Wie schon bekannt ist, wird in dieser Hausarbeit das Werk „Spiegelgeschichte" von Ilse Aichinger zerlegt und untersucht. Dennoch kommt es in der Erzähltextanalyse auch darauf an welcher Perspektive gelesen wird. Im Bereich der Textanalyse fiktionaler Erzähltexte stellen wir uns drei Leitfragen:

- Wer erzählt?
- Wie wird erzählt?
- Was wird erzählt?

Mein Thema fällt unter der Kategorie der zweiten Frage. Somit liegt mein Augenmerk darauf, **wie** der Erzähler eine Geschichte erzählt.

2.2 Textinterpretation

Ziel der Interpretation ist es, die Bedeutung eines bestimmten Textes zu verstehen. Wobei zu beachten ist, dass jeder Leser einen anderen Zugang zu einer Geschichte haben kann.

3 Formen der Textanalyse

Es gibt viele verschiedene Formen eine Textanalyse durchzuführen. Auf der nächsten Seite habe ich deshalb eine kleine Grafik zu dem Teil der Erzählperspektive erstellt.

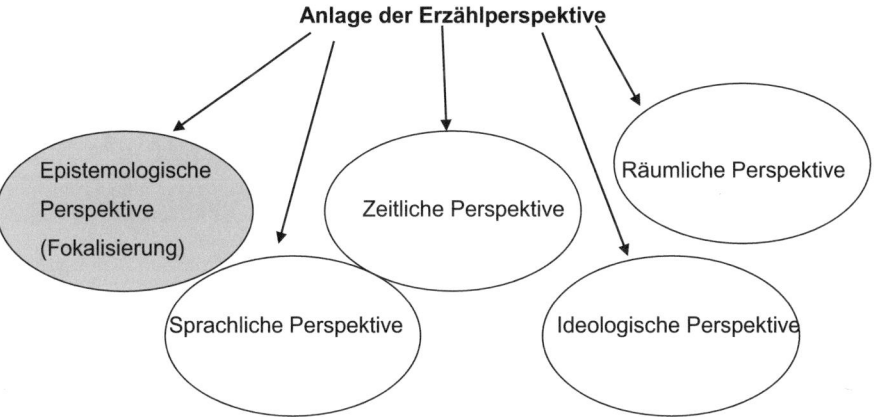

(vgl. Einführung in die Erzähltextanalyse; 3. Auflage; Jahn/Meister,J.B, Metzler Verlag GmbH, Stuttgart; Kapitel IV, S.113)

4 Die Fokalisierung und ihre Herkunft

Karl Franz Stanzl war es, der den Begriff „Erzählperspektive" einführte. Diese soll eine Zusammenfassung der verschiedenen Blickwinkel auf die Erzählung und die Erzählstimme sein. Die Erzählperspektive gilt als Definition des gesamten Komplexes.

Der Narratologe Gerárd Genette gab sich mit dieser Allgemeinheit nicht zufrieden und untersuchte die Erzählperspektive genauer. Somit führte er im Jahr 1972 die Fokalisierung ein.

4.1 Die Bedeutung der Fokalisierung

In fast jeder Geschichte gibt es bekanntlich einen Erzähler. Dieser gilt als Kreation des Autors. Der Autor kann über das Wissen des Erzählers frei bestimmen. Dieses Vorgehen wird durch die Fokalisierung genauer betrachtet und definiert. Es wird also aus einer Geschichte herausgefiltert aus welchem Blickwinkel erzählt wird und wie viel der Erzähler weiß. Man unterscheidet dadurch drei Typen der Fokalisierung. (Vgl. Lahn/Meister, K. IV.2; S.116f.)

- Null-Fokalisierung
- Interne Fokalisierung
- Externe Fokalisierung

Diese drei Typen werde ich gleich nachfolgend noch etwas genauer erläutern.

4.2 Nullfokalisierung

Der Autor stattet den Erzähler mit endlosem Wissen aus. Der Erzähler weiß mehr, als die Figuren einer Geschichte. Er gilt als allwissend.

„Wenn einer dein Bett aus dem Saal schiebt, wenn du siehst, dass der Himmel grün wird und wenn du dem Vikar die Leichenrede ersparen willst, so ist es Zeit für dich, auszustehen, leise, wie Kinder aufstehen, wenn am Morgen Licht durch die Läden schimmert, heimlich, dass es die Schwester nicht sieht – und schnell!" (Ilse Aichinger; Der Gefesselte; Erzählungen 1, Fischer Taschenbuch Verlag; Frankfurt 1991; S.63; Z.1-6)

Schon aus dem ersten Abschnitt, erkennt man das eindeutige Merkmal eines Dialoges. Der Adressat bleibt jedoch bis zum Schluss unbekannt. Es besteht eine gewisse Nähe zwischen dem Erzähler und der Hauptfigur. Dennoch scheint der Erzähler über etwas mehr Wissen zu verfügen.

„Sie tragen deinen Sarg durch die zweite Einfahrt über den Hof in die Leichenhalle. Dort wartet der leere Sockel, schwarz und schief und erhöht, und sie setzen den Sarg darauf und öffnen ihn wieder, und einer von ihnen flucht, weil die Nägel zu fest eingeschlagen sind. Diese verdammte Gründlichkeit!" (Ilse Aichinger; Der Gefesselte; Erzählungen 1, Fischer Taschenbuch Verlag; Frankfurt 1991; S.64f; Z.28-30f.)

Auch aus diesem Abschnitt geht hervor, dass der Erzähler mehr zu wissen vermag als die Figur der Geschichte.

4.3 Externe Fokalisierung

In diesem Fall verfügt die Figur über mehr Wissen als der Erzähler selbst.

„*Die Kinder spielen mit den Kugeln am Weg. Du läufst in sie hinein, du läufst, als liefst du mit dem Rücken nach vorn, und keines ist dein Kind."* (Ilse Aichinger; Der Gefesselte; Erzählungen 1, Fischer Taschenbuch Verlag; Frankfurt 1991; S.67; Z.15-17)

Mit diesem Abschnitt möchte ich beweisen, dass es sich auf keinen Fall um eine externe Fokalisierung handelt. Die Autorin hat den Text in der Du-Form verfasst. Das bedeutet, dass der Erzähler jemanden anspricht und etwas erzählt. Somit kann die Figur dieser Geschichte nie mehr Wissen besitzen als der Erzähler.

4.4 Interne Fokalisierung

Die Bedeutung der internen Fokalisierung liegt darin, dass der Erzähler der Figur gleichgestellt ist. Das Wissen der Beiden ist also gleich groß.

„*Sei geduldig. Es ist ja Frühsommer. Da reicht der Morgen noch lange in die Nacht hinein. Ihr kommt zurecht."* (Ilse Aichinger; Der Gefesselte; Erzählungen 1, Fischer Taschenbuch Verlag; Frankfurt 1991; S.67; Z.15-17)

Hier kann man erkennen, dass die Figur und der Erzähler sich sehr nahe sind und auch kurz miteinander verschmelzen.

Es kann durchaus vorkommen, dass sich während des Verlaufs einer Geschichte die Fokalisierung ändert. Dies würde man dann als variable Fokalisierung bezeichnen.

5 Betrachtung des gesamten Werkes

Liest man sich nun die einzelnen Abschnitte durch, würde man meinen, dass der Leser direkt angesprochen wird. Dies passiert natürlich nicht ganz ohne Hintergedanken, immerhin sollen die Leser doch direkt in die Geschichte hineingezogen werden. Für die Analyse allerdings ist, wie schon besprochen, auch die Betrachtung des Gesamten wichtig. Man sollte daher einen Text, welcher zur Analyse dient unbedingt mehrmals durchlesen. Denn je besser man ein Werk kennt, umso mehr Auffälligkeiten können herausgefiltert werden. Betrachtet man die Spiegelgeschichte nur teilweise, so kann es passieren, dass man sich auf einen

Fokalisierungstypen fokussiert und es ist durchaus möglich, dass man andere einfach ignoriert oder überliest.

6 Welcher Fokalisierungstyp liegt nun vor?

Von Beginn an wird die Geschichte in der Du-Form erzählt. Man könnte daraus schließen, dass der Erzähler, jemandem diese Geschichte schildert. Dies würde eine Nullfokalisierung ergeben, da der Erzähler demnach mehr wissen muss als die Figur, der er die Geschichte erzählt. Liest man sich aber weiter in die Geschichte hinein, so gibt es einige stellen, wo man meinen könnte, die Figur und der Erzähler verschmelzen miteinander. Bestes Beispiel ist folgender Abschnitt:

„Sei geduldig. Es ist ja Frühsommer. Da reicht der Morgen noch lange in die Nacht hinein. Ihr kommt zurecht." (Ilse Aichinger; Der Gefesselte; Erzählungen 1, Fischer Taschenbuch Verlag; Frankfurt 1991; S.67; Z.15-17)

Der letzte Satz dieses Abschnitts enthält den Hinweis, dass der Erzähler und die Figur durchaus die ein und dieselbe Person sein könnten, wenn dies so ist dann liegt in diesem Fall eine interne Fokalisierung vor.

Eine externe Fokalisierung ist vollkommen auszuschließen, da die Figur der Geschichte nicht mehr weiß als der Erzähler.

Um auf den Punkt zu kommen würde ich sagen, dass dieses Werk von Ilse Aichinger sehr komplex ist. Eine konkrete Feststellung eines Fokalisierungstypen scheint hier nicht möglich zu sein.

7 Perspektivierung nach Schmid

Zu Beginn habe ich kurz bemerkt, dass ich nach der Fokalisierung auch noch kurz auf die Perspektivierung nach Schmid eingehen möchte.

7.1 Der Begriff Perspektivierung

Während der Fokus der Fokalisierung allein auf der epistemologischen Position liegt, konzentriert man sich bei der Perspektivierung nach Schmid zusätzlich auf um die ideologische Position des Erzählers. Der Begriff „Perspektivierung" wurde von Wolf Schmid geprägt. (Vgl. Lahn/Meister, Einführung in die Erzähltextanalyse, J.B. Metzler Verlag, Stuttgart 2016, S. 115f.)

7.2 Die fünf Parameter der Perspektive

In der Perspektivierung können auch nur einzelne Szenen bewertet werden. Es wird nicht nur auf die Quantität, sondern auch auf die Qualität Wert gelegt. Eine Bewertung basiert auf den fünf Parametern der Perspektive. Diese fünf Parameter der Perspektive möchte ich kurz nun kurz erläutern. Zu diesen Parametern ist zu sagen, dass nicht immer alle Fünf erkennbar sind. Eine gute Hilfestellung, um das herausfiltern die einzelnen Schemen zu erleichter, ist eine von Schmid empfohlene Tabelle oder Matrix. (Vgl. Lahn/Meister, Einführung in die Erzähltextanalyse, J.B. Metzler Verlag, Stuttgart 2016, S. 121f.)

7.2.1 Perzeptive Perspektive

Bei dieser Perspektive stellt sich sie Frage: Durch welche Augen erzählt der Erzähler diese Geschichte? Wer steckt dahinter? (Vgl. Wolf Schmid; Elemente der Narratolgie; Walter de Gruyter GmbH, Berlin 2014; S. 126)

In der Spiegelgeschichte wird die Sichtweise der Hauptfigur angenommen. Der Erzähler und die Figur sind ident und aus diesem Grund **figural**.

7.2.2 Ideologische Perspektive

Nun folgt die ideologische Perspektive und dies bedeutet die Bewertung des Wahrgenommenen. Wichtig ist hier wieder wie und aus welcher Position dieses bewertet wird. Wichtige Faktoren sind dabei das Wissen, die Denkweise und die

Wertungshaltung. (Vgl. Lahn/Meister, Einführung in die Erzähltextanalyse, J.B. Metzler Verlag, Stuttgart 2016, S. 121.)

Durch das Wissen, dass Figur und Erzähler ident sind, ist eine Feststellung der Wertungshaltung zwischen Figur und Erzähler nicht möglich. Eine figurale Perspektive ist daher auszuschließen. Die ideologische Perspektive ist somit **narratorial**.

7.2.3 Räumliche Perspektive

Wie der Begriff schon sagt, geht es hier um den Raum. Aus welcher Sicht wird also das Erzählte wahrgenommen? (Vgl. Lahn/Meister, Einführung in die Erzähltextanalyse, J.B. Metzler Verlag, Stuttgart 2016, S. 121.)

Das Geschehen der Spiegelgeschichte wird durch physischen Sinner der Hauptfigur wahrgenommen. Die räumliche Perspektive ist **figural**.

7.2.4 Zeitliche Perspektive

Auch hier verrät uns schon der Begriff was hier wichtig ist. Die Aufgabe dieser Perspektive ist es die zeitliche Position einer Geschichte herauszufinden. Es stellt sich die Frage ob das „jetzt" in einer Geschichte an eine Figur gebunden ist oder nicht?! (Vgl. Lahn/Meister, Einführung in die Erzähltextanalyse, J.B. Metzler Verlag, Stuttgart 2016, S. 122.)

Der Erzähler nimm in diesem Fall Abstand von der Figur. Das bedeutet, dass die zeitliche Perspektive **narratorial** ist.

7.2.5 Sprachliche Perspektive

Natürlich spielt auch die sprachliche Gestaltung jedes Werkes eine Rolle. Der Erzähler kann also wählen, ob er die Geschichte in seiner eigenen Sprache oder in der Sprache seiner Figuren wiedergibt. (Vgl. Lahn/Meister, Einführung in die Erzähltextanalyse, J.B. Metzler Verlag, Stuttgart 2016, S. 122.)

Nachdem ich nun die Perspektive nach Schmid kurz erläutert habe, möchte ich nun zu meinem Hauptthema, der Fokalisierung, zurückkommen.

In Ilse Aichingers Spiegelgeschichte übernimmt der Erzähler die Ausdrucksweise der Figur. Die sprachliche Perspektive gilt in diesem Fall als **figural**.

7.3 Eine Übersicht

Nachdem ich in Kapitel 7.2 die einzelnen Parameter analysieren konnte, ist es mir möglich anhand einer Tabelle eine Übersicht über das Gesamte zu schaffen.

	Perzeption	Ideologie	Raum	Zeit	Sprache
narratorial		X		X	
figural	X		X		X

8 Schluss

Nach den einfachen Erklärungen in den ersten Kapiteln sowie anhand einiger Beispiele aus dem Text, bin ich zu dem Entschluss gekommen, dass eine exakte Bestimmung einer Fokalisierung hier nicht möglich ist. Aus diesem Grund widmete ich mich der Perspektivierung nach Wolf Schmid. Es gelang mir die fünf Parameter der Perspektive zu analysieren und kam zu dem Ergebnis, dass die Spiegelgeschichte figurale sowie auch narratoriale Einstellungen besitzt.

Mit diesem gewonnenen Wissen möchte ich mich nun dem Nicht-Erzählen der Spiegelgeschichte widmen.

Das Nicht-Erzählte der Geschichte ermöglicht mir einen Übergang zu meiner nächsten Hausarbeit. Diese befasst intensiv sich mit der Interpretation der Spiegelgeschichte.

Die Arbeit über die Textinterpretation wird vom Aufbau her ziemlich ident sein. Dennoch ist zu beachten, dass zu diesem Thema wesentlich weniger Definitionen benötigt werden. Bei der Interpretation liegt der Fokus nicht auf der Struktur des Textes, sondern auf den Inhalt und die Bedeutung des Textes. Man konzentriert sich auf einzelne Abschnitte und auf das erwähnte Nicht-Erzählte einer Geschichte.

In der Spiegelgeschichte bleiben mehrere Fragen offen. Die junge Frau treibt ihr Kind ab und stirbt an den Folgen. Doch warum ist eine Abtreibung die einzige Lösung für die Frau? Wurde sie gedrängt oder war es letztendlich doch allein ihre Entscheidung?!

Aus all diesen Fragen konnte ich, eine für meine folgende Hausarbeit nötige Interpretationsfrage bzw. auch gleichzeitig einen Interpretationsansatz entwickeln.

Meine nachfolgende Hausarbeit über die Interpretation behandelt die Frage des Nitcht-Erzählten: **Der Vater als Mörder?**

Literaturverzeichnis:

- Silke Jahn/Jan Christoph Meister; Einführung in die Erzähltextanalyse; J.B. Metzler GmbH; Stuttgart; 2016
- Wolf Schmid; Elemente der Narratolgie; Walter de Gruyter GmbH, Berlin 2014

BEI GRIN MACHT SICH IHR WISSEN BEZAHLT

- Wir veröffentlichen Ihre Hausarbeit, Bachelor- und Masterarbeit

- Ihr eigenes eBook und Buch - weltweit in allen wichtigen Shops

- Verdienen Sie an jedem Verkauf

Jetzt bei www.GRIN.com hochladen und kostenlos publizieren